AF391361

CATALOGUE

DES

LIVRES, AUTOGRAPHES

Gravures, Dessins, Tableaux

Meubles et Curiosités

PROVENANT DE

Mademoiselle GEORGE, *tragédienne*

ET DE

feu M. TOM HAREL, *ancien directeur de théâtre*

ET DONT LA VENTE AURA LIEU

HOTEL DROUOT, SALLE N° 8

Le Samedi 31 Janvier 1903

à 2 heures précises de l'après-midi

Mᵉ MAURICE DELESTRE	M. LÉON SAPIN
Commissaire-Priseur	Libraire-Expert
5, rue Saint-Georges, 5	3, rue Bonaparte, 3

PARIS

—

1903

Samedi 31 Janvier 1903

Livres, Autographes, Estampes, n°s 1 à 118.

Curiosités, Bronzes, Porcelaines, Meubles, Gravures.

Livres en lots.

CONDITIONS DE LA VENTE

La vente se fait au comptant.

Les acquéreurs paieront 10 p. 100 en sus du prix
d'adjudication.

Les livres vendus devront être collationnés dans
les vingt-quatre heures de l'adjudication. Passé ce
délai, ils ne seront repris pour aucune cause.

M. SAPIN se réserve la faculté, dans l'intérêt de la
vente, de réunir ou de diviser les numéros du cata-
logue. Il remplira les commissions qu'on voudra bien
lui confier.

DÉSIGNATION

LIVRES ANCIENS ET MODERNES

1. **Almanach** des spectacles, par K. Y. Z., seconde
année. *Paris, Janet*, 1819, in-18, fig. col., cart. de
l'édit., dans un étui.

2. **Balzac**. Œuvres complètes. *Paris, Houssiaux*, 1853,
20 vol. in-8, fig., dem.-rel.

3. **Biographie** universelle, ancienne et moderne. *Paris, Michaud*, 1829, 66 vol. in-8, dem.-rel.

4. **Bis** (H.). Attila, tragédie. *Paris*, 1823, in-8, front.,
mar., gauf. et fil., tr. dor.

> Première édition. Envoi d'auteur à Mlle George : D'Attila, je
> vous fais hommage, que dis-je, offrir ?... je vous rends votre
> ouvrage.

5. **Blanc** (Louis). Histoire de Dix ans, 1830-1840. *Paris*,
1846, 5 vol. in-8, figures, dem.-rel.

6. **Bossuet**. Discours sur l'Histoire universelle. *Paris*,
1829, 2 vol. in-8, mar. bleu, dent. int., dos ornés,
tr. dor. — **Sacy**. Les Saints Evangiles. *Paris, Dubochet*, 1837, gr. in-8, dem.-rel.

7. **Brumoy**. Théâtre des Grecs. *Paris, Cussac*, 1785, 13
vol. in-8, figures, v. é.

8. **Byron** (Lord). Œuvres complètes. *Paris, Ladvocal,* 1827, 19 tomes en 10 vol. in-18, figures, dem.-rel.
   Gravures sur Chine.

9. **Cervantès**. Histoire de l'admirable Don Quichotte de la Manche. *Paris, Dupart,* 1798, 4 vol. in-8, figures, v. é.
   Gravures avant la lettre.

10. **Chateaubriand**. Atala. René. *Paris, Lefèvre,* 1830, in-8, figures, mar. rose, gauf., dos orné. — **Saint-Pierre** (B. de). Paul et Virginie. *Paris, Furne,* 1829, in-12, figures, mar. rose, gauf., dos orné (exempl. sur Chine).

11. **Chateaubriand**. Œuvres complètes. *Paris, Furne,* 1837, 25 vol. in-8, figures, dem.-rel.

12. **Collection Lefèvre**. 7 volumes gr. in-8, mar. gauf. et dem.-rel.
   Boileau, 1835. — Delille, 1834. — Montaigne, 1834. — Massillon, 1833, 2 vol. — B. de Saint-Pierre, 1833, 2 vol.

13. **Crébillon**. Œuvres, figures par Peyron. *Paris, Maillard,* 1793, 2 vol. in-8, v. f., dos ornés. — **Chénier** (M.-J.). Théâtre. *Paris,* 1818, 3 vol. in-8, v. é. (manq. le port.)

14. **Delavigne** (Casimir). Messéniennes et poésies. *Paris, Ladvocat,* 1824, figures sur Chine, mar. vert, gauf., dent. int., tr. dor. — **Desbordes-Valmore** (Mme). Les Pleurs. *Paris,* 1833, in-8, frontispice, ch. orn. sur les plats, dent. int., dos orné, tr. dor.

15. **Delavigne** (C.). Œuvres. *Paris, Furne,* 1835, 5 vol. in-8, figures, dem.-rel., dos ornés.

16. **Didot** (Firmin). Poésies et traductions en vers. *Paris,* 1822, in-18, mar. rose, gauf., dent. int., tr. dor.
   Envoi d'auteur à Mlle Georges :

> Mon vaisseau s'expose à l'orage
> Je t'invoque, ô George Weimer !
> Si Vénus ne calme la mer
> Qui peut me sauver du naufrage ?

17. **Doucet** (Camille). Comédies en vers. *Paris*, 1858, 2 vol. in-8, mar. fil. et orn., dent. int., tr. dor.

Envoi d'auteur à Tom Harel.

18. **Dulaure**. Histoire de Paris. *Paris, Furne*, 1837, 8 vol. in-8, dem.-rel.

19. **Dumas** (Alex.). Les Trois Mousquetaires. — Vingt ans après. *Paris, Fellens*, 1846, 2 vol. gr. in-8, figures, dem.-rel. — Monte-Cristo. *Paris*, 1846, 2 vol. gr. in-8, figures, dem.-rel.

Premières éditions illustrées.

20. **Dumas** fils (Alex.). Péchés de jeunesse. *Paris*, 1847, in-8, dem.-rel.

Première édition.

21. **Duval** (A.). Œuvres complètes. *Paris, Barba*, 1822, 9 vol. in-8, dem.-rel.

22. **Fénelon**. Les Aventures de Télémaque, avec figures dessinées par Cochin et Moreau le jeune. *Paris, de l'imprimerie de Monsieur*, 1790, 2 vol. in-8, mar. gauf., dos ornés.

Figures avant la lettre.

23. **Figures** de l'Histoire de la république romaine. *Paris, Myris, an VIII*, in-4, de 180 planches, v. f., fil. et orn., tr. dor.

Prix donné au nom de l'Empereur Napoléon à Harel.

24. **Flaubert** (G.). Madame Bovary. *Paris*, 1857, 2 vol. in-12, dem.-rel.

Première édition.

25. **Foë** (Daniel de). La Vie et les Aventures de Robinson Crusoë, gravures par Delignon. *Paris, Verdière*, s. d., 3 vol. in-8, v. é.

26. Galland. Les Mille et une nuits, contes arabes. *Paris, Galliot*, 1822, 6 vol. in-8, mar. viol., gauf., dos ornés, tr. dor.

Gravures sur Chine, avant la lettre. Reliures romantiques.

27. Halévy (Ludovic). Ba-ta-clan, chinoiserie. *Paris*, 1856, in-12, br., couv. imp. — Une Maladresse, nouvelle. *Paris*, 1857, pet. in-8, br. couv. — Rose et Rosette, drame, 1858, vig., cart. non rog.

Premières éditions, envois d'auteur.

28. Hugo (Victor). Notre-Dame de Paris, huitième édition. *Paris, Renduel*, 1832, 3 vol. in-8, mar. rose, orn. sur les plats, dos ornés, tr. dor.

Envoi d'auteur à Mlle George.

29. Hugo (Victor). Marie Tudor, drame, deuxième édition. *Paris*, 1833, in-8, frontispice de C. Nanteuil, v. f., lil., dos orné.

Envoi d'auteur à Harel.

30. Hugo (V.). Les Misérables. *Paris*, 1862, 10 vol. in-8, dem.-rel.

On a ajouté : Les Rayons et les Ombres, 1840, 1re édition. — La Légende des Siècles, 1859, 2 vol. — Bug-Jargal, 1826, 1re édition.

31. Janin (Jules). L'Ane mort et la Femme guillotinée, deuxième édition. *Paris*, 1830, in-18, rel., gauf., tr. dor.

Envoi d'auteur à Mlle George : L'Ane c'est moi, mon amie, qui voudrais mourir pour vous.

32. Janin (Jules). Contes fantastiques et contes littéraires. *Paris*, 1832, 4 tomes en 2 vol. in-12, mar., orn. sur les plats, dent. int., tr. dor.

Première édition. Envoi d'auteur à Mlle George : A vous Madame, votre ami toujours.

33. Janin (Jules). La Religieuse de Toulouse, 2e édition. *Paris*, 1850, 2 vol. in-8, br., couv. imp.

Envoi d'auteur à Mlle George : *Prima inter priores*. Son ami très sincère, très attaché et très dévoué.

34. **Journal des Spectacles** représentés devant Leurs
Majestés sur les théâtres de Versailles et Fontaine-
bleau. *Paris, Ballard*, 1764, in-8, mar. rouge, tr. dor.
Aux armes de France.

35. **Lamartine**. Œuvres. *Paris, Gosselin*, 1832, 4 vol.
in-8, v. gauf., dos ornés.
> On a ajouté les Confidences. 1849, in-8, br., couv. imp. (1re édit.)

36. **Leclercq** (Th.). Proverbes dramatiques. *Paris,
Sautelet*, 1827, 6 vol. in-18, mar. rose, gauf. et orn.
sur les plats, tr. dor.

37. **Marillier**. Les Illustres Français, ou Tableaux historiques des grands hommes de la France, jusqu'en
1792. *Paris, Maurice, s. d*, 56 planches en un vol.
in-fol., dem.-rel.

38. **Meilhac** et **Halévy**. Les Brebis de Panurge, comédie. — La Clé de Métella, comédie. *Paris*, 1863, 2
vol. in-12, br., couv. imp.
> Premières éditions. Envois des auteurs à Mlle George.

39. **Molière**. Œuvres, vignettes par T. Johannot. *Paris,
Dubochet*, 1844, gr. in-8, cart. illust. de l'édit., tr.
dor.

40. **Napoléon III**. Affiches du Coup d'Etat, portraits,
etc., 15 pièces.

41. **Nerval** (Gérard de). Elégies nationales et satires
politiques, 2me édition. *Paris*, 1827, in-8, mar. rose,
gauf., fil., tr. dor.

42. **Parent**. Printemps d'une jolie femme. *Paris*, 1788.
in-12, v. f., tr. dor. — **Legouvé**. Le Mérite des fem-
mes. *Paris*, 1830, in-18, figures, v. rose, tr. dor.

43. **Picard**. Œuvres. Théâtre. *Paris, Barba*, 1821, 10
vol. in-8, dem.-rel.

44. **Rabelais**. Œuvres. *Paris, Ledentu*, 1835. in-8, port.

mar. gauf., dos orné. — **La Fontaine**. Œuvres complètes. *Paris, Delongchamps*, 1826, in 8, vignettes, v. gauf., fil., dos orné, tr. dor.

45. **Racine**. Œuvres complètes, figures de Moreau le jeune. *Paris, imprimerie Crapelet*, 1811, 4 vol. in-8, mar. rouge, orn. sur les plats, dent. int., dos ornés, tr. dor.

> Gravures avant la lettre.

46. **Racine** (Jean). Œuvres complètes. *Paris, Furne*, 1829, gr. in-8, port. rel. à la *Cathédrale*.

47. **Recueils** de pièces de théâtre, 1828-1840, 6 volumes in-8, dem.-rel.

> Pièces de théâtre de l'époque romantique dont plusieurs avec envoi d'auteur à Mlle George.

48. **Répertoire** du Théâtre Français. *Paris, Duprat*, 1826, 4 vol. in-8, port., v. f., gauf. à la *Cathédrale*, dent. int.

49. **Riccoboni** (Mme). Œuvres complètes. *Paris, Foucault*, 1818, 5 vol. in-8, figures, v. f., dos ornés.

50. **Rollin**. Histoire ancienne des Egyptiens, des Carthaginois, etc. *Paris, Estienne*, 1740, 6 vol. in-4, figures, v. é., tr. dor. — De la manière d'enseigner et d'étudier les Belles lettres. *Paris*, 1740, 2 vol. in-4, v. é., tr. dor.

51. **Romantiques**. 3 volumes in-8 et in-12, figures, cart. de l'édit.

> Poésies par Mme Tastu (exemp. pap. chamois). — Keepsake français, 1831. — Keepsake américain, 1831.

52. **Sand** (George). Œuvres. *Paris, Michel Lévy*, 31 vol. in-12, dem.-rel.

53. **Scott** (Walter). Paysages historiques et illustrations des romans de Walter Scott, scènes comiques de Cruikshank. *Londres, s. d.*, in-4, cart. de l'édit.

54. **Soulié** (F.). Christine à Fontainebleau, drame. *Paris*, 1829, in-8, dem.-rel., dos orné.
   Première édition, envoi d'auteur à Harel.

55. **Soulié** (F.). Christine à Fontainebleau, drame. *Paris*, 1829, in-8, mar. gauf., fil., dos orné.
   Première édition. Envoi d'auteur à Mlle George.

56. **Soulié** (F.). Les Mémoires du diable. *Paris, Dupont*, 1837, 8 vol. in-8, dem.-rel., dos ornés.
   Envoi d'auteur à Mlle George.
   On a ajouté : Le Vicomte de Béziers. *Paris*, 1834, 2 vol. in-8, dem.-rel.

57. **Soumet** (A.). Clytemnestre, tragédie, 2e édition. *Paris*, 1822, in-8, cart. armes sur les plats.
   Envoi d'auteur à Mlle George.

58. **Soumet** (A.). Une Fête de Néron, tragédie, ornée d'une lithographie par Raffet. *Paris*, 1830, in-8, v. orn. sur les plats, dent. int., dos orné, tr. dor.
   Première édition, envoi d'auteur à Mlle George.

59. **Soumet** (A.). Norma, tragédie. *Paris*, 1831, in-8, ch., dent. int., dos orné, tr. dor.
   Première édition. Envoi d'auteur à Mlle George.

60. **Soumet** (A.). La Divine épopée. *Paris*, 1840, 2 tomes en un vol. in-8, dem.-rel.
   Première édition. Envoi d'auteur à Mlle George.

61. **Sue** (Eugène). Les Mystères de Paris, édition illustrée par Gavarni, Daumier, etc. *Paris, Gosselin*, 1843, 4 vol. gr. in-8, dem.-rel., dos ornés.
   Première édition.

62. **Sue** (Eugène). Romans. *Paris, Paulin*, 1845, 19 vol. in-18, dem.-rel. ch. vert, dos ornés.
   On a ajouté 9 vol. par J. Sandeau, A. Karr, etc.

63. **Thiers**. Histoire de la Révolution française. *Paris*, 1834, 10 vol. in-8, figures, dem.-rel.

64. **Thiers**. Histoire du Consulat et de l'Empire. *Paris*, 1845, 21 vol. in-8, figures, dem.-rel., les 2 dern. vol. sont br.

65. **Vigny** (A. de). La Maréchale d'Ancre, drame. *Paris*, 1831, in-8, front., mar. vert, orn. sur les plats, dent. int., tr. dor.
   Première édition.

66. **Voltaire**. Œuvres complètes. *Paris, Delangle*, 1830, 97 vol. in-8, dem.-rel.

MLLE GEORGE — HAREL — TOM HAREL

67. **Opinions** et éloges des journaux de Paris sur les débuts de Mlle George à la Comédie Française en 1802, 2 vol. in-fol. et in-8, mar. rouge, fil. et orn. sur les plats.
   Recueils réunis par le père de Mlle George.

68. **George** (Mlle). Pièces de vers et lettres adressées par des admirateurs de la Province et de l'Etranger.
   Vingt-sept pièces.

69. **Mouchoir** de batiste, offert par Alexandre Dumas à Mlle George, en souvenir des créations qu'elle fit dans ses drames. Ce mouchoir est orné à chaque coin d'une couronne magnifiquement brodée, reproduisant celle du personnage historique créé.

70. **George** (Mlle) en Province et à l'Etranger. Affiches, Programmes, 1840-1847, 52 pièces.

71. **George** (Mlle). Comédie Française. Représentation à son bénéfice, 17 décembre 1853, programmes,

feuilles de la répétition, billet, état de la recette, etc.
— Etat des rôles joués par Mlle George à la Comédie
Française, dressé par Fonta, en 1857. — Affiche de
la Porte Saint-Martin. — Brevet de sa pension, 1852.
Onze pièces.

72. **George** (Mlle), rôle d'Agrippine, dans Britannicus.
Pierre lithographique.

73. **Recueil** de divers journaux sur la mort de Mlle
George, en un vol. in-fol., obl. cart.

74. **George** (Mlle). Accessoires qui lui ont servi dans
différentes pièces.
1o Couronne de Mérope.
2o Couronne-Bandeau de la Tour de Nesle.
3o Couronne de Sémiramis.
4o Couronne de Marie Tudor.
5o Couronne de Rodogune, portée par Mlle George à sa dernière
représentation à Bénéfice donnée à la Comédie Française, en 1853.
6o Croix d'Isabeau de Bavière dans Périnet Leclerc.
Ces objets seront vendus séparément.

75. **Harel**, mère. Souvenirs pour mes enfants.
Manuscrit.

76. **Harel**. Direction de l'Odéon et de la Porte-Saint-
Martin, 1827-1836. Répertoire et Etats des recettes
en un vol. in-fol., cart.

77. **Harel**. Discours sur Voltaire, qui a remporté le
prix d'éloquence décerné par l'Académie française,
1844, in-4, ch. dent. int., tr. dor., dans un étui.
On a joint la quittance de Harel, son passe-port, le Brevet de
commandant de la Garde-Nationale et l'acte de société et le Bilan
de la faillite du Théâtre de la Porte-Saint-Martin.

78. **Folies-Dramatiques** (Théâtre des). Direction Harel. Etats des recettes, comptabilité, etc. 1858-1864.
Onze registres in-fol. et in-4, cart.

79. **Folies-Dramatiques** (Théâtre des). Direction Harel. Pièce de théâtre, engagements d'artistes, affiches, etc.

AUTOGRAPHES

80. Artistes dramatiques. 29 lettres aut. sig.

Achard. — Anaïs. — Pierre Berton, 3 l. — Bocage, 2 l. — Bois-selot. — Bouffé. — A. et M. Brohan, 2 l. — Capoul. — Coque-lin. — Déjazet — Dorval. — Damoreau-Cinti. — Geoffroy, 2 l. — Emilie Guyon. — Marie Laurent. — Levassor, 2 l. — Ligier, 2 l. — Provost, 2 l. — Samson. — Pauline Viardot. — Mme Volnys.

81. Desbordes-Valmore (Mme) Poète. Madame Emile de Girardin, pièce de vers et 2 lettres aut. sig.

82. Divers. 22 lettres aut. sig.

Abbatucci. — Cte d'Argout. — Asseline. — Baroche, 2 l. — Duc de Bassano. — Bilhaut. — La Guéronnière. — Magne, 2 l. — Princesse Mathilde. — Mocquard, 2 l. — Napoléon Bonaparte. — Pierre Bonaparte. — Pastoret. — Persigny. — Remusat, 2 l. — Romieu. — Suchet, duc d'Albuféra.

83. Doucet (Camille). Auteur dramatique de l'Acadé-mie Française, 16 lettres aut. sig.

84. George (Mlle). Livre de dépenses tenu par elle en 1828-1829 et 1841-42, 2 vol. in-4, mar. rouge.

On a ajouté son livre de comptes tenu par elle, 1864-1866, in-12, cart.

85. George (Mlle). Les Débuts de Mélingue, au Théâtre de la Porte Saint-Martin, en 1836, 2 pages in-fol., obl.

86. George (Mlle), célèbre comédienne, 4 lettres aut. sig. à Harel et à sa sœur.

On a ajouté une lettre de Harel à Mlle George, quelques jours avant sa mort.

87. George. Entrevue de Napoléon et de Mlle George au Château de Saint-Cloud, 3 pages in-fol., obl.

Détails très intimes. Ces notes sont adressées à Mme Desbordes-Valmore, elle lui dit : Je n'ose pas laissé (sic) lire des détails à votre cher Hyppolite.

88. Halévy (Ludovic). Auteur dramatique, 5 lettres aut. sig.

89. Janin (Jules). Littérateur de l'Académie Française, 7 lettres aut. sig.

90. Littérateurs. Auteurs dramatiques, 37 lettres aut. sig.

> Mme Ancelot, 2 l. — Etienne Arago. — Th. Barrière. — Roger de Beauvoir, 2 l. — Caroline Berton, 4 l. — Cham, 2 l. — D'Ennery. — Gabet. — Harel. — Lambert Thiboust. — Léo Lespès. — Meilhac. — Mocquart, 2 l. — J. Moinaux, 2 l. — Ed. Plouvier, 2 l. — Jules de Premaray. — Nestor Roqueplan, 2 l. — — V. Sardou. — Aurélien Scholl. — L. Ulbach. — A. Villemot. 2 l. — Villemessant. — Villemain, 3 l. — Vitet, 2 l.

91. George (Mlle). Mémoires, 220 pages, in-fol. aut.

> **Ces Mémoires sont inédits,** mais n'ont malheureusement pas été terminés par la célèbre comédienne. Ils sont malgré cela d'un très grand intérêt pour l'histoire du théâtre sous l'Empire. Manque le feuillet 125.
>
> Mme Desbordes-Valmore s'était chargée de récrire ces mémoires : nous joignons quelques cahiers de son travail.

92. Talma. Cheveux de Talma, avec cette note autographe de Mlle George : Talma ne fut point un acteur, il fut un poète.

93. Balzac. Vautrin, drame, in-4 br.

> Manuscrit original, avec l'autorisation du ministre de l'Intérieur, 6 mars 1840, signée par Cavé.

94. Dumas (Alexandre). La Tour de Nesle, drame, registre in-4, cart.

> Manuscrit original. On a ajouté 24 pages autographes du travail de Jules Janin sur la Tour de Nesle de Gaillardet. Dans ce fragment de Jules Janin, Gaultier d'Aulnay s'.ppelle *Anatole*. Ce travail fut repris, et la pièce complètement refaite par Alexandre Dumas, qui, dans une lettre à Harel, le directeur de la Porte St Martin, jugeait ainsi l'essai de Gaillardet :
>
> « C'est un véritable chaos au fond duquel flotte une idée, qui « reparaît et se perd à chaque instant. Je n'ai pas besoin de « vous dire que cela n'a pas le sens commun, et cependant il y « a quelque chose, et cependant ce n'est pas ennuyeux. Je vous « demande jusqu'à demain soir pour y penser, puis, si je trouve « moyen, je me mettrai à la besogne ».

TABLEAUX — AQUARELLES — ESTAMPES
BRONZES — PORCELAINES — MEUBLES

95. **Anonyme**. Portrait de M. Weimer, père de Mlle George.

>Aquarelle. Encad.

96. **Anonyme**. Harel, directeur de la Porte Saint-Martin.

>Miniature. Encad.

97. **Anonyme**. Weimer, père de Mlle George. — Harel.
>Deux portraits au crayon. Encad.

98. **Anonyme**. Harel (Léopold). Portraits.
>Une Peinture et une aquarelle. Encad.

99. **Bocage**. Rôle de Buridan dans la Tour de Nesle.
>Statuette en bronze.

100. **Cain**. Les Fables de La Fontaine.
>Coupe en bronze.

101. **Calvin**. Portraits-Charges des artistes et employés du Théâtre des Folies-Dramatiques en 1858, 24 portraits en un vol. in-fol. obl., cart.

102. **Dantan et Tétard**. Frédéric Soulié, Duprez, Rachel et Dorval.
>4 charges en platre.

103. **David**. George Weimer.
>Médaillon en bronze.

104. **Gavarni**. Costumes de *Lucrèce Borgia*.
>Quatre aquarelles.

105. **Giraud** (Eugène). Mlle George, dans la *Nonne Sanglante*.
>Aquarelle signée. Encad.

106. **Ingres**. Raphaël et Fornarina, grav. par Pradier.
Epreuve avant la lettre. Encad.

107. **Jeu de cartes**. Guerre d'Italie, 1859.

108. **Johannot** (Alfred). Scène de l'Ane mort par Jules Janin.
Aquarelle signée, 1829. Encad.

109. **Johannot** (Attribuée à Alfred). Léopold Harel, dit *le Petit Gourmand*.
Aquarelle encad.

110. **Mélingue**. Marceline Valmore.
Médaillon en bronze, 1833.

111. **Mélingue**. Scène des *Mal-Contents*, drame.
Aquarelle signée, 1835. Encad.

112. **Mène**. Epagneul en bronze, sig.

113. **Ponco-Camus**. Napoléon Ier devant le tombeau de Frédéric.
Epreuve avant la lettre. Encad.

114. **Saint-Eve**. Mlle George dans *Christine*.
Peinture signée, 1828.

115. **Sauvageot** (Mme). Portrait de Tom Harel. Peinture, 1829. Encad.

116. **Vernet** (Horace). Apothéose de Napoléon.
Epreuve avant la lettre. Encad.

117. **Wattier** (Emile). Costumes de Mlle George.
Trois aquarelles.

118. **Winterhalter**. Napoléon III. — Impératrice Eugénie, grav. par Cousins. Encad.

Porcelaines de Sèvres.
Vases de Chine, montures en bronze doré
Flambeaux en bronze doré.

Un Verre en cristal, aux armes du grand Frédéric.

Veilleuse en bronze.

Médaillons.

Verres anciens. — Cachets.

Jardinière en porcelaine de Chine, monture en bronze doré.

Flacons.

Vases anglais.

Albums de photographies d'artistes dramatiques.

Porcelaines. — Bustes.

Presse-papier en bronze.

Accessoires de théâtre. Poignards, Sabre, Croix, etc.

2 Bibliothèques en acajou.

Vitrine en palissandre, appliques en cuivre doré.

Commode Louis XV, appliques en cuivre doré.

Environ 300 volumes qui seront vendus en lots.

Baugé (M.-et-L.). — Imp. Daloux. — R. DANGIN, successeur